AF271872

Annmarie Sauer

TRACES

SPOREN

Gedichten

Poems

world internet books

Duisburg/Rhein – Antwerpen 2012

Contents
Inhoud

Portraits
Portretten

Landscapes
Landschappen

The cockles
the whelks, stones and sand
lifeless lexicons from the sea
burned out on the strand

memory of life

in the low tide of mind & moods
the sea awaits
the abundance of floods

De schelpen
de kreukels, de stenen en het zand
de dode dingen van de zee
uitgeblust op 't strand

herinnering aan leven

In 't laagtij van 't gemoed
wacht de zee
op de terugkeer van de overvloed

Tools of solace

Pen pallet pencil
with tools life is lived
and then the final red
touched with the smallest
brush
minutes till sudden death

For the colors
gray for the polder sky
for doves up high titanium white
viridian green for trees and woods
alizarin, crimson, rose madder
for lust, blush, desire, burning fire
Naples' yellow
for a sweater painted twice
and blue
for the watery hue of soul
Sienna, umber, burned earth
for desert and for sand

and then
the smell of paint
& turpentine
to set me ablaze
so it is that

with scorched hand
I write

De vertroosting der dingen

Pen penseel palet
met werktuigen leeft het leven
en dan dat laatste rood
het kleinste penseel
minuten
voor de vunzige vale dood

voor de kleuren
grijs voor de polderlucht
wit voor duiven op de vlucht
smaragdgroen voor boom en bos
vermiljoen, karmozijn, scharlaken
voor lust, verlangen, blos en
het wemelend vuur
Napels geel voor de trui die 'k droeg
en blauw
voor 't waterig gemoed
Sienna, oker, verbrande aarde
voor woestijn en zand

en dan de geur van verf
& terpentijn
ik heb me aan al dat
verbrand

zo schrijf ik
met verschroeide hand

She had been there always
before everything began
lost is the first image
only memories of homes

first
the stately stairs
windows high
the mirror broke
later
red carpet
a chimney
in oxblood
wintry water
very often ice

and then that
light wavering wave
pallid brittleness
in a glass hall

her there not being there
became
my seeing

Zij was er altijd al
voor alles begon
verloren is het eerste beeld
slechts herinnering aan wonen

eerst
statige trap
ramen hoog
de spiegel brak
later
rood tapijt
een schoorsteen
in ossenbloed
winters water
heel vaak ijs

en dan dat
lichte zwaaien
breekbaar bleek
in glazen gang

haar er niet zijn
werd
mijn zien

The first song I knew
was
   my daddy is over the ocean
and of course
I thought every American
was my father
Later
I was to blame for the Vietnam war
belonging
where I didn't belong
Now I hear your voice
   You charmer sweet talker

Too much dying had gone on
to settle down
   when the screams and fire
still pierced your dreams
when you freed my mother from her enemy
and waged a sweet war with her

So GI
later
   - so much later now -
your acceptance
has liberated me

belonging where I do belong

14

Het eerste lied dat ik leerde
was
  my daddy is over the ocean
en natuurlijk
dacht ik dat elke Amerikaan
mijn vader was
Later
bevond men mij schuldig voor Vietnam
behorend
waar ik niet thuis hoorde
Nu is er je stem
        jij charmeur mooiprater
Teveel sterven was je gebeurd
om gewoon te leven
        als schreeuw en vuur
nog je dromen kwelden in dat later uur
toen je mijn moeder had bevrijd
van wat haar vijand was
met haar verward in zoete strijd
Dus GI
later
zo veel later nu
heeft jouw aanvaarding
ook mij bevrijd
en ben ik thuis waar
ik nooit hoorde

My German grandmother
I called by her American name
When I learned to write
I didn't know how
Grama I invented
with two Flemish A's
because what did I know
of occupiers, liberators
resistance and brown shirts' hate

So I grew up
without a devil or a god
because bad she was
most certainly
not

Mijn Duitse grootmoeder
riep ik bij haar Amerikaanse naam
Toen ik leerde schrijven
wist ik niet hoe je die schreef
Grama verzon ik toen
met twee Vlaamse a's
want wat wist ik
van bezetters en bevrijders
verzet en bruine hemden haat

Zo groeide ik op
buiten goed en kwaad
want slecht was zij
zij zeer zeker
niet

Birds whisper softly
don't drown out
what was thought

Bells clang
        - it is six o'clock -
invite
to the day
the good life
in submission
to a normal life
of singing women in black

Thereafter
the heart full of fire
the soul in the wind
and the distance that calls

Birds whisper softly
don't drown out
what you think at all

Vogels fluisteren zacht
overstemmen niet
wat werd gedacht

Klokken luiden
        - 't is zes uur -
nodigen uit
tot de dag
het goede leven
in onderworpenheid
aan het normale leven
van zingende vrouwen in zwart

Daarna
het hart vol vuur
de ziel in de wind
en de verte die wenkt

Vogels fluisteren
overstemmen niet
wat je denkt

Gaia

I think and feel
feel I am earth
and know of trees
rooting
in my womb

I want the rocks
and the water
the storm surge
in the spring storm
and after that
the slow awakening
heavy with seed

So I am earth
and am the source
and know of water
welling
in my womb

I am earth
the mud
and dirt
I am the den
in which the dreamer
is dreaming full of dreams

Gaia

Ik denk en voel
en voel me aarde
en weet van bomen
wortelend
in mijn schoot

Ik wil de rotsen
en het water
het springtij
in de lentestorm
en daarna het
lui ontwaken
zwaar van zaad

Zo ben ik aarde
en ben de bron
en weet van water
wassend
in mijn schoot

Ik ben de aarde
de modder
de slangen en het vuil
ik ben het hol
waarin de dromer
vol van dromen droomt

Earth I am
no longer I
but just at one's command

What do I do
when I am released
from the sun

Aarde ben ik
niet meer ik
maar slechts beschikbaarheid

Wat doe ik
als ik los kom
van de zon

Your
guided-in glow
makes me love and loving
receptively drinking
your movement
in the soft pulsing
of the night
and slowly
in your warm abundance
sinking

Jouw
binnengeleide gloed
maakt mij lief en minne
ontvankelijkheid
die jouw bewegen drinkt
in 't zacht pulseren
van de nacht
en traag
in je warme overvloed
verzinkt

Early morn
when summer
breaks
into autumn

The first
I saw
  was Thee

The first I
  felt
  smelt
the first
I became
  was we

Vroege ochtend
waarin de zomer
breekt
in de herfst

Het eerste
wat ik zag
    was jij

Het eerste wat ik
   voelde
   rook

het eerste wat
     ik werd
    was wij

Invisible creatures
greet
in a glance
sudden recognition
existence acknowledged
the bond opens
s p a c e
erases
the flight from
reality

Onzichtbare figuren
begroeten
in een blik
plots herkend
bestaan erkend
de band schept
r u i m t e
vlakt
de vlucht uit
de werkelijkheid weg

Vigil

How many candles did I not burn for you
for peace
The engines on the flight path
of evil
boom
in the corners of the room
        cramp the heart
in the silence of the house
I learn the language
of a new general
with a word in mind
for death of every kind

        Love and hope
        are lost in smoke

Wake

Hoeveel kaarsen
brandde ik niet voor jou en vrede

De motoren op het vliegpad van het kwaad
dreunen in de hoeken van de kamer
krampen in het hart

In de stilte van het huis
leer ik de taal van de
nieuwe generaal
met het juiste woord
voor elk soort dood

      liefde en hoop
      gaan op in rook

I see the blue-black eye
hear the nagging
and know the bruises of their soul

There is a war out there

Don't wage that war on me
I lost my past and who I was
to find searching
a gentle caring sharing
need
But waves of anger
wash me to a breaking shore

Ik zie het blauwe oog
hoor het zeuren
en ken de kneuzing van hun ziel

Daarbuiten is het oorlog

Voer die oorlog niet met mij
Ik verloor verleden en wie ik was
vindend zoekend
naar het zachte zorgen
en gedeelde nood
maar woedegolven
breken mij op een verloren strand

Fall and flight
so intertwined
and an endpoint
full of gravitas
in sight

The fleeing and
the flying
the breaking free
of downward pull

Val en vlucht
zo nauw verweven
en een eindpunt
vol gravitas
in zicht

Het vlieden en
het vliegen
het zich onttrekken
aan neerwaartsheid

Portraits

Portretten

The woman
stockings rolled up
to the knee
the robe light blue
worn with care
leans too big
against the bars of her daily duress

Does she warm her night
thinking of a beautiful face
how the beloved body
sanctified her groin
and stripped with lip and palm her
of her qualms

Antonio Peter Simon
don't leave me here alone
with that woman in the window
standing there as stone

De vrouw
met opgerolde kousen
tot aan de knie
de kamerjas licht blauw
met zorg gedragen
leunt te groot
tegen de tralies van haar dagelijks bestaan

Verwarmt zij nog haar nacht
met denken aan een mooi gelaat
aan hoe het geliefde lichaam
haar schoot beleed
een streling van haar schroom
ontdeed

Antonio Peter Simon
laat me niet alleen
met die vrouw
die daar altijd aan dat raam
moet staan

There he is
the black man
a woolen cap keeps his skull
from bursting
a cheap cheap plastic bag
weary bears his meagre things
For the price of a *petit café*
he bought shelter from
the rain the stain of white eyes
looking at his skinniness
unfed but reading
in the tea salon
as she
fat with the money
spent on feed
braves bruised and blond
the drizzle in the street

Daar is hij
de zwarte man
een wollen muts houdt het
barsten van zijn schedel tegen
een goedkope plastic zak
draagt zijn povere bezit
Voor de prijs van een *petit café*
kocht hij beschutting voor de
regen de modder van witte ogen
die zijn magerte bekeken
ongevoed maar lezend
in het theesalon
terwijl zij
vet van 't geld
aan voer besteed
bont en blauw en blond weerstaat
aan het druilen in de straat

In the mirror window
I spy on him
the man moving his lips
his head his hands
arguing convincing confiding
What language
does he speak to him
       him to himself
       himself to he
or does he hear the
gods through electrodes
planted in his brain
activated by the morning coffee
brought in by the chambermaid
Whatever the intention
of the fellow travellers
they turn away
as he is spoken to
by him and he
not all together
too much
there
in the mirror
on the second row

In het spiegelraam bespied ik hem
de man die zijn lippen beweegt
zijn hoofd zijn handen
besprekend betogend bezwerend
Welke taal spreekt hij tot hem
  hem tot zichzelf
  zichzelf tot hij
of hoort hij
goden door de elektroden
in zijn brein geplant
geactiveerd door de ochtendkoffie
door de kamermeid gebracht
Wat ook de bedoeling
van de medereizigers
zij keren zich af
terwijl hij toegesproken wordt
door hem en hij
niet helemaal
te veel
daar
in de spiegel
op de tweede rij

A new space
unnamable
as the battlefield after the fight
separates the shade
of suppositions and of signs

The void gives way
to the road through no man's land

Silence slips
into the words
messengers of the wind

Een nieuwe ruimte
onnoembaar
als 't slagveld na de strijd
scheidt de schaduw
van vermoedens en van tekens

Leegte wijkt
voor de weg door niemandsland

Stilte kantelt
in de woorden
boodschappers van de wind

Landscapes
Landschappen

I

All is given
by water & wind
ice & fire
now till in the greyest hour
always all is in its place
perfect unruliness
battered
predestined in
the movement of time
coincidence

just as I

I

Alles is gegeven
door water & wind
ijs & vuur
nu tot in het meest grijze uur
altijd alles op zijn plaats
volmaakte ongeregeldheid
verweerd
voorbeschikt in
de beweging van de tijd
toeval

net als ik

II

Even before the grey
and the first break of day
the mountain is
cardboard and black
backdrop
for this brevity
of breath

In the whiter light
it fills itself
full of wonder
puffs up
in pomposity
of now undulating up and down
ego craves more - a higher flight

Only then color comes
creeks and cracks
secrets stowed away
in the deepest crevasse
near the standing rock
stronger
knowing longer

And then that later
not yet lived
nor thought up
The twilight's silver moon
confuses reality and delusion
in the shadows of
the night

II

Nog voor het grijs
en 't eerste ochtendgloren
is de berg
bordpapier en zwart
coulisse
voor het even
van dit leven

In het witter licht
vult hij zich
vol verbazing
bolt op
in gewichtigheid
van het nu glooiend op en neer
het ik wil meer - een hogere vlucht

Dan pas komt de kleur
kreken en krakelingen
geheimen verborgen
in de diepte van de spleet
bij de rots
die langer staat
die weet

En dan dat later
nog niet geleefd
noch bedacht
De zilveren maan
de schaduw van de nacht
het verwarren van werkelijkheid
en waan

III

A hamlet in the landscape

At the end
writhe
the old houses
against the enshrining
flank
of foothills full
of snow
shabby yearning
for the myth of past
in the hellish
light
of higher clarity

III

Gehucht in landschap

Teneinde
schurken
de oude huizen
zich tegen de koesterende
flank
van voorgebergte vol
met sneeuw
schamel hunkerend
naar de mythe van voorbij
in het helse
licht
van hogere helderheid

IV

Enclosed
by mountains
of guilt and shame
frozen
the head
filled with eternal snow
lost between then and now
I murmuring
seek
between memory grass
and healing herb
the brook
and a future of a fall
of river in a valley
and encompass it all

IV

Omsloten
door bergen
van schuld en schaamte
bevroren
het hoofd
vol eeuwige sneeuw
verdwaald
tussen voor en na
zoek ik
murmelend
tussen herinneringsgras
en heelkruid
de beek
en een toekomst van
rivier in het dal
en omvat het al.

V

A mountain of words

Barely leaving
an impression
except for the skipping
of a stone
the rolling of a rock
through the centuries
I walk to you
follow with my hand
spirals
circles
labyrinths
which you splinter of stone
on stone in the rock face drew

a mountain signs
between abyss of shadow
and the free valley flow

V

Een berg woorden

Nauwelijks een indruk
achterlatend
behalve het wegschieten
van een steen
het rollen van een kei
loop ik door de eeuwen
op je toe
volg met mijn hand
spiralen
cirkels
labyrinten
die je splinter van steen
op steen in de rotswand dreef

een berg tekent
tussen afgrond van schaduw
en vloeiende vallei

VI

Shade
shifts
over the body
mountains of darkness
withdrawn
in undisguised
obscurity
sediment upon
sediment
stone upon
stone
bone upon
bone
hides
words
on shards
the gone by
forgone
under the sods
on which
longing like a child
the light
reframes itself
as long
as the shade
over the body
shifts

VI

Schaduw
schuift
over het lichaam
bergen duisternis
teruggetrokken
in onverholen
donkerte
sediment op
sediment
steen op
steen
been op
been
verbergt
schrijven
scherven
ver
verleden
onder zoden
waarop
hunkerend als een kind
het licht
zich vindt
zolang
schaduw
over het lichaam
schuift

How came I into this world
in what language
       the first scream
Was it mothers blood that
whispered
or wordless father's joy -
soon severed with a knife

What accent the first lullaby
and what the last

Language soaked up
became treacherous
       in the unstable geography
and life

Hoe kwam ik in de wereld
in welke taal
      de eerste schreeuw
Was het moeders bloed dat
fluisterde
of taalloos vaders vreugde –
even

Welk accent het eerste kinderlied
en welk het laatste

Taal opgezogen
werd verraderlijk
      in onbestendige geografie
en leven

Like the bird
singing till the morn
of her last day
whistling waveringly
softer than a male
but with a courage of her own
was killed
by others
because her song
disturbed
so will I sing
and if sometime somewhere
in a Laundromat
someone speaks about this singing
like she about Garcia Lorca spoke
and danced to his bloody word
then my song
is heard

Zoals de vogel
zingend tot op de ochtend
van haar laatste dag
aarzelend fluitend
zachter dan een man
maar met haar eigen moed
door de anderen
werd omgebracht
omdat haar lied
hen had gestoord
zo zal ik zingen
en als ooit ergens
in een laundromat
iemand over dat zingen spreekt
zoals zij over Garcia Lorca sprak
en danste op zijn bloedig woord
dan is mijn lied
gehoord

Dragging boards
I feel heaviness
on my breath
and while the grain
leads my eyes
from knot to knot
and I
for hidden hollows
knock on wood
every word
is redolent
of woods

Slepend met planken
voel ik zwaarte
op mijn adem
en terwijl de nerven
mijn ogen leiden
van knoop tot knoop
en ik
naar verborgen holten
het hout afklop
geurt
elk woord
naar woud

Time broken
I am unseen
nor do I see myself
or life
day after day
a rock
standing
in a seeking sea

A passerby takes
a picture
and see
a human surely
on the edge of water
a woman blinded still
for later

De tijd verbroken
ben ik ongezien
zie ook mezelf niet meer
noch het leven
dag na dag
opgericht
rots in
zoekende zee

Een passant neemt
een foto
en zie
warempel een mens
op de rand van water
een vrouw verblind nog
voor later

Biography/Bibliography
Biografie/Bibliografie

Annmarie Sauer

*1947, Dayton - Ohio/USA lives in **Antwerp**. Her work is characterized by travel images and cameos from daily life and the imprint of grandness and the superhuman in the desert landscape.

Her poetry till now: **Voor Vrienden** - Milano, Italy, 1985; **Jardin Public** Point, Belgium, 1991 and **Werkwoorden Werkworte Workbook** (world internet books 2010, Duisburg/Rijn, Duitsland).

She translates **Native American poetry** and also contemporary **European** and **American poetry** (Co-producer of the **wib millennium america** series, since 2011).

Annmarie Sauer

*1947 in **Dayton Ohio/USA** woont in **Antwerpen**. Haar werk is gekenschetst door reisbeelden en miniaturen uit het dagelijks leven, en door waarneming van grootsheid en het bovenmenselijke in de woestijn.

Haar bundels tot heden: **Voor Vrienden** (Milaan, Italië, 1985); **Jardin Public** (Point, België 1991); **Werkwoorden Werkworte Workbook** (world internet books 2010, Duisburg/Rijn, Duitsland). Zij vertaalt **Indiaanse poëzie** en ook **hedendaagse Europese** en **Amerikaanse poëzie** (Co-uitgever van de **wib millennium amerika** reeks, vanaf 2011).

Remarks
Aantekeningen

The poems date from 1991 till 2009. **Gaia** is one of seven poems from her series *Mythology*. **Landscapes** was written in Chloride, Arizona. Four poems became part of **Mens-Landschap/Mensch-Landschaft**, **Litergra 2010**, a co-operative project between poets and graphic artists and also between Belgium (Flanders) and Switzerland.

A few poems were first published in **Werkwoorden, Werkworte, Workbook (wib 2010)**.

The **portraits** are impressions of people who crossed her meandering path. The last part of TRACES deals with language and time.

De gedichten stammen uit de periode van 1991 tot 2009. **Gaia** is een van zeven gedichten uit de cyclus **Mythologie**. **Landschappen** werd geschreven in Chloride, Arizona. Vier van de gedichten werden deel van **Mens-Landschap/Mensch-Landschaft**, **Litergra 2010**, een samenwerkingsproject van dichters en grafici en tussen België (Vlaanderen) en Zwitserland. Enkele gedichten werden eerder opgenomen in **Werkwoorden, Werkworte, Workbook (wib 2010).** De **portretten** zijn indrukken van toevallige passanten die haar pad kruisten.

Het laatste hoofdstuk van SPOREN gaat over taal en tijd.

world internet books

wib.panorama - poetry for the world
Anthology - Anthologie - Bloemlezing

Grenzland
Werkbuch - Werkboek
*

Flußschiffahrt - Binnenvaart
Inland Waterways
Anthologie zur Kulturhauptstadt Europas
Ruhrgebiet 2010
Cultural Capital of Europe
*

ANTI
Anti-War Anthology
*

Hafenklänge - Havenklanken
Sounds of Harbour
Sons du Port
*

Die Liebe in Holland und Flandern
De Liefde in Holland en Vlaanderen
Love in Holland and Flanders
*

Global Night Car
Weltnachtauto - Wereldnacht auto

*

world internet books
Duisburg/Rhein - Antwerpen - Hamburg
european concept - production of the authors
european copyright 2012

world internet books

wib.panorama - poetry for the world

Job Degenaar
Ich bin - I am

*

Paul Gellings
Stem van de herfst - Stimme des Herbstes

*

Roger Nupie
Lighthouse - Lichthaus - Lighthouse

*

Fred Schywek
Felsenleiter - Rockstairs
Weiße Mühle - Witte molen - White mill

*

Annie Reniers
Letters of Light - Buchstabenlicht - Lichtletters

*

Annmarie Sauer
Traces - Spuren - Sporen

*

Lucienne Stassaert
In one breath - In één adem - In einem Atemzug

*

Bart Stouten
Offenes Herz - Open Hart - Open heart

*

world internet books
Duisburg/Rhein - Antwerpen - Hamburg
european concept - production of the authors
european copyright 2012

Herstellung und Verlag:
Books on Demand GmbH, Norderstedt
ISBN 978-3-8448-1438-5